全国高等职业院校会计专业教材

成本核算与分析习题册

王欣　主编

中国劳动社会保障出版社

简　介

本习题册与全国高等职业院校会计专业教材《成本核算与分析》配套使用。习题册按照教材项目顺序编排，包括填空题、单项选择题、多项选择题、判断题、简答题和综合题等多种题型，供学生课后练习使用。

本习题册由王欣主编，董文军、白宏俊、徐海英、单晶晶、招戈、陈蔚林、陈婷参编。

图书在版编目(CIP)数据

成本核算与分析习题册/王欣主编．--北京：中国劳动社会保障出版社，2023
全国高等职业院校会计专业教材
ISBN 978-7-5167-5971-4

Ⅰ．①成…　Ⅱ．①王…　Ⅲ．①成本计算-高等职业教育-习题集②成本分析-高等职业教育-习题集　Ⅳ．①F231.2-44②F224.5-44

中国国家版本馆 CIP 数据核字(2023)第 176230 号

中国劳动社会保障出版社出版发行
（北京市惠新东街 1 号　邮政编码：100029）
*
北京市科星印刷有限责任公司印刷装订　　新华书店经销
787 毫米×1092 毫米　16 开本　5.25 印张　117 千字
2023 年 9 月第 1 版　　2023 年 9 月第 1 次印刷
定价：12.00 元

营销中心电话：400-606-6496
出版社网址：http://www.class.com.cn
http://jg.class.com.cn

目录

项目一　成本会计基本概念与成本会计核算岗位

一、填空题

1. 成本是指企业为了生产产品、提供劳务而发生的各种耗费，包括__________、__________、__________。

2. 按照与产品的关系不同，成本可分为__________和__________。

3. 可控成本是指某一责任单位职权范围内可计量、_______、_______的成本。

4. 广义的成本会计的职能包括成本预测、__________、__________、__________、__________、成本分析、成本考核和成本检查。

5. __________是成本核算的具体工作，是成本会计的关键和基础。

6. __________是成本控制的依据，其制定得正确与否对于成本控制的有效性具有重要影响。

7. ______________是处理成本会计核算工作的职能部门，属于会计机构的组成部分，是企业内部直接从事成本会计核算工作的组织。

8. 企业内部各级成本会计机构之间的组织分工，有__________和__________两种方式。

9. 企业应当根据业务量的大小，在成本会计机构中配备数量适当、__________、__________的成本会计人员。

二、单项选择题

1. 下列选项中，不属于成本的是（　　）。

A. 管理费用　　B. 直接材料　　C. 制造费用　　D. 直接人工

2. 成本会计职能的基础是（　　）。

A. 成本决策　　B. 成本分析

C. 成本控制　　D. 成本核算

3. 固定成本和变动成本是按照（　　）划分的。

A. 与产品的关系　　B. 与业务量的关系

C. 成本可控性　　D. 计算时间

4. 下列选项中，不属于成本核算基础工作的是（　　）。

A. 建立和健全原始记录工作制度　　B. 做好定额的制定和修改工作

C. 做好事前、事中、事后控制工作　　D. 建立和健全计量验收制度

5. 下列关于成本会计人员职责的表述，正确的是（　　）。
   A. 参与成本会计人员的任用和调配
   B. 组织成本会计人员学习有关业务理论和业务技术，不断更新专业知识，定期考核成本会计人员
   C. 加强学习，树立良好的职业道德，精通业务，不断提高素质
   D. 总结经验，不断改进工作，使成本会计工作适应社会主义市场经济的需要
6. 下列关于企业成本会计机构负责人职责的表述，正确的是（　　）。
   A. 按照有关法规和制度，结合本企业实际情况，拟定企业内部成本会计制度或办法，督促成本会计人员和职工贯彻执行
   B. 围绕降低成本费用、提高经济效益的基本任务，提出改进经营管理的建议，参与企业经营管理决策，当好领导参谋
   C. 坚持原则，遵守和严格执行成本会计规范
   D. 认真履行职责，做好本职工作
7. 直接成本和间接成本的分类是按照（　　）划分的。
   A. 与产品的关系　　B. 与业务量的关系
   C. 成本可控性　　D. 计算时间
8. 按照（　　）划分便于正确评价各责任单位的工作业绩。
   A. 与产品的关系　　B. 与业务量的关系
   C. 计算时间　　D. 成本可控性

三、多项选择题

1. 下列选项中，属于成本的有（　　）。
   A. 直接人工　　B. 销售费用　　C. 制造费用　　D. 管理费用
2. 成本会计的职能包括（　　）。
   A. 成本决策　　B. 成本核算
   C. 成本控制　　D. 成本分析
3. 成本核算的基础工作包括（　　）。
   A. 建立和健全原始记录工作制度　　B. 做好定额的制定和修改工作
   C. 建立和健全内部结算价格制度　　D. 建立和健全计量验收制度
4. 成本会计机构负责人的职责包括（　　）。
   A. 组织成本会计人员学习有关业务理论和业务技术，不断更新专业知识，定期考核成本会计人员
   B. 参与成本会计人员的任用和调配
   C. 总结经验，不断改进工作，使成本会计工作适应社会主义市场经济的需要
   D. 加强学习，树立良好的职业道德，精通业务，不断提高素质
5. 将成本划分为固定成本和变动成本便于管理者做（　　）。
   A. 预测　　B. 决策　　C. 控制　　D. 计算

6. 成本的划分标准有（　　）。

A. 与产品的关系　　B. 与业务量的关系

C. 计算时间　　D. 与决策的关系

7. 成本会计人员的职责包括（　　）。

A. 认真履行职责，做好本职工作

B. 参与成本会计人员的任用和调配

C. 总结经验，不断改进工作，使成本会计工作适应社会主义市场经济的需要

D. 围绕降低成本费用、提高经济效益的基本任务，提出改进经营管理的建议，参与企业经营管理决策，当好领导参谋

8. 成本会计人员的权利包括（　　）。

A. 有权参与制订企业生产经营计划和定额，参加各类与成本有关的会议

B. 参与成本会计人员的任用和调配

C. 有权督促检查企业内部各单位执行成本计划和有关法规、制度的情况

D. 围绕降低成本费用、提高经济效益的基本任务，提出改进经营管理的建议，参与企业经营管理决策，当好领导参谋

四、判断题

1. 按照成本可控性，成本可分为可控成本和不可控成本，以便于管理者做预测、决策、控制和分析。（　　）

2. 成本核算是基础，其他各项职能都是在成本核算的基础上，随着商品经济、管理科学的发展和企业经营管理要求的提高而逐步发展形成的。（　　）

3. 企业的成本信息主要来源于成本计算。成本计算是成本核算的具体工作，是成本会计的关键和基础。（　　）

4. 通过成本考核，可以分清责任，客观评价各单位工作，起到鼓励先进、鞭策后退的作用。（　　）

5. 规模小、会计人员不多的企业，也要在专设的会计部门中单独设置成本会计机构，专门从事成本会计核算工作。（　　）

6. 小型企业各级成本会计机构间的组织一般采用集中工作方式。（　　）

7. 采用集中核算工作方式，厂部成本会计机构能及时全面地掌握企业的成本信息，便于集中对成本数据进行处理，减少成本会计机构的层次和成本会计人员的数量。但是，这样不利于实行成本责任制，不便于企业内部直接从事生产经营的有关单位和职工及时掌握成本信息。（　　）

8. 非集中工作方式是指成本管理等各方面工作，主要由厂部成本会计机构集中进行，厂级以下成本会计机构或人员只负责登记原始记录和填制原始凭证、整理和汇总，为厂部成本会计机构的进一步核算提供资料。（　　）

9. 加强成本预测、优化成本决策，是成本会计适应社会生产发展和现代化管理需要而承担的新任务。（　　）

10. 间接成本是指在产品生产过程发生的金额较小、在其发生时不便于直接计入产品成本的费用。 （　　）

五、简答题

1. 成本核算的基础工作有哪些？

2. 成本会计的职能有哪些？

3. 成本会计核算任务的具体内容包括哪几个方面？

项目二　成本核算基本知识

一、填空题

1. 企业在生产经营过程中发生的费用，可分为计入产品成本的____________和直接计入当期损益的__________两类。

2. 直接材料是指直接用于产品生产、构成产品实体的原料、____________以及有助于产品形成的__________费用。

3. 直接燃料和动力是指直接用于产品生产的各种自制和外购的______和______费用。

4. 直接人工是指直接参加产品生产的工人的__________。

5. 制造费用是指______用于产品生产的各项费用。

6. 销售费用是指企业在__________和____________等日常经营过程中发生的各项费用以及专设销售机构的各项经费。

二、单项选择题

1. 费用可以按不同的标准分类，其中最基本的是按费用的经济内容和（　　）进行分类。

A. 经济形式　　B. 经济目的　　C. 经济用途　　D. 经济结构

2. 下列选项中，不属于按经济用途分类的企业期间费用的是（　　）。

A. 财务费用　　B. 管理费用　　C. 制造费用　　D. 销售费用

3. 计算产品成本和期间费用，需要对各种费用进行合理分类。下列选项中，不属于按费用要素分类的是（　　）。

A. 折旧费　　B. 外购材料　　C. 职工薪酬　　D. 财务费用

4. 下列选项中，不属于成本核算主要账户的是（　　）。

A. “固定资产”科目　　B. “管理费用”科目

C. “财务费用”科目　　D. “销售费用”科目

5. 下列选项中，不应计入管理费用账户核算的是（　　）。

A. 行政管理人员的工资　　B. 业务招待费

C. 办公费　　D. 生产车间管理人员的工资

6. 下列选项中，与生产成本科目归集分配无关的是（　　）。

A. 生产甲产品的 A 原料　　B. 生产乙产品的职工工资

C. 产品经销处人员的工资　　D. 车间管理人员的工资

7. 企业为筹集生产经营所需资金而发生的各项费用属于（　　）。

A. 管理费用　　B. 财务费用
C. 销售费用　　D. 制造费用

8. 下列选项中，不属于企业组织和管理生产经营所发生的费用是（　　）。

A. 办公费　　B. 差旅费
C. 销售人员的薪酬　　D. 管理人员的薪酬

9. 下列选项中，属于辅助生产成本核算的是（　　）。

A. 生产甲产品的 A 原料　　B. 生产乙产品的职工工资
C. 产品经销处人员的工资　　D. 车间管理人员的工资

三、多项选择题

1. 为了正确地进行成本核算，计算产品成本和期间费用，必须正确区分的费用界限包括（　　）。

A. 收益性支出和资本性支出的界限　　B. 产品成本和期间费用的界限
C. 不同产品的成本界限　　D. 完工产品和在产品的成本界限

2. 为了正确地核算产品成本，加强成本管理，必须做好的基础工作包括（　　）。

A. 做好定额的制定和修订工作
B. 建立健全材料物资的计量、收发、盘点制度
C. 做好企业内部计划价格的制定和修订工作
D. 建立健全原始记录工作

3. 企业在生产经营过程中发生的费用，按其内容分类可分为（　　）。

A. 劳动对象方面的费用　　B. 劳动手段方面的费用
C. 活劳动方面的费用　　D. 劳动形式方面的费用

4. 成本核算的原则包括（　　）。

A. 真实可靠性原则　　B. 合法性原则
C. 相关性原则　　D. 一致性原则

5. 成本核算的一般程序包括（　　）。

A. 确定成本项目和费用项目
B. 确定成本计算对象和成本项目，开设产品成本明细账
C. 进行要素费用的分配
D. 正确归集和分配各种费用

6. 下列选项中，不应计入制造费用科目核算的有（　　）。

A. 生产车间管理人员的工资　　B. 基本生产车间人员的工资
C. 行政管理部门的折旧费　　D. 银行借款的利息支出

7. 下列选项中，应计入产品成本的项目有（　　）。

A. 辅助车间管理人员的工资　　B. 生产用场房的折旧费
C. 行政管理部门办公楼的折旧费　　D. 生产用的直接材料

8. 成本核算的主要会计科目包括（　　）。

A. “基本生产成本”科目　　B. “辅助生产成本”科目

C. “管理费用”科目　　D. “销售费用”科目

9. 企业为筹集生产经营所需资金等而发生的费用包括（　　）。

A. 金融机构手续费　　B. 筹集生产经营资金发生的其他费用

C. 利息净支出　　D. 汇兑净损失

四、判断题

1. 在选择成本核算方法时，应同时考虑企业生产类型的特点和企业管理要求，在同一企业内部只可以采用一种成本核算方法。（　　）

2. 成本核算不仅是成本会计的基本任务，而且是企业经营管理的重要组成部分。（　　）

3. 为了正确地计算产品成本和期间费用，必须正确划分费用界限，但不包含正确区分收益性支出和资本性支出的界限。（　　）

4. 为了保证成本核算的合理性、准确性和可比性，企业可以随意变更财产物资计价和价值结转方法。（　　）

5. 成本核算正确与否，将对企业成本的预测、计划、分析、考核和改进等控制工作产生重大影响。（　　）

6. 企业在生产经营过程中发生的费用，可分为计入产品成本的期间费用和直接计入当期损益的生产费用两类。（　　）

五、简答题

1. 成本核算的基本要求是什么？

2. 成本核算的原则有哪些？

3. 简述成本核算的一般程序。

4. 为了正确地核算产品成本，加强成本管理，应做好哪些基础工作？

5. 成本核算的主要会计科目包括哪些？

项目三　生产费用要素的归集和分配

一、填空题

1. 材料费用包括企业在生产经营过程中实际消耗的各种原料及主要材料、________、________、________、________、外购动力等费用。

2. 制造费用一般按照________进行归集。

3. 企业发生的外购动力费用，应当按照__________原则进行确认和计量，通常不按收付实现制。

4. 职工薪酬费用应当按其发生的地点和用途加以归集，在归集时按照发生的________和________进行核算。

5. 企业提供给职工配偶、子女或其他被赡养人的福利等，属于________。

6. 对企业固定资产计提折旧的常用折旧计算方法包括年限平均法、工作量法、________________、________________。

7. 企业行政管理部门的固定资产折旧费用，应当归集到____________会计科目。

8. 采购、外购相关材料及动力费用，未能及时支付的费用，通常记入____________会计科目作为负债核算。

9. 已完工产品的制造费用，在归集之后通常转入____________会计科目。

10. 生产运输车辆的折旧计提方法，一般以________进行计提核算。

二、单项选择题

1. 应在本月计算折旧费用的固定资产是（　　）。

A. 本月减少的设备　　B. 本月内购进的机器设备

C. 已单独估价入账的土地　　D. 以经营租赁方式租入的房屋

2. 在企业未设置“燃料及动力”成本项目的情况下，生产车间发生的直接用于产品生产的动力费用，应借记的账户是（　　）。

A. 管理费用　　B. 基本生产成本

C. 生产费用　　D. 制造费用

3. 企业为生产产品发生的原料及主要材料的耗费，应通过（　　）账户核算。

A. 基本生产成本　　B. 辅助生产成本　　C. 管理费用　　D. 制造费用

4. 用来核算企业为生产产品和提供劳务而发生的各项间接费用的账户是（　　）。

A. 基本生产成本　　B. 制造费用　　C. 管理费用　　D. 财务费用

5. 基本生产车间本期应负担照明电费8 000元，记入（　　）账户。

A. 基本生产成本（燃料及动力）　　B. 制造费用（水电费）

C. 辅助生产成本（水电费）　　D. 管理费用（水电费）

6. 核算每位职工的应得计件工资，主要依据（　　）的记录。

A. 工资卡片　　B. 考勤记录

C. 产量工时记录　　D. 工资单

7. 某职工3月病假3天，事假4天，出勤16天，双休日8天。若按30天计算日工资率，按出勤日数计算月工资，则该职工应得出勤工资按（　　）天计算。

A. 17　　B. 20　　C. 24　　D. 26

8. 用月标准工资除以全年平均每月工作日数计算日工资时，全年平均每月的工作日数为（　　）天。

A. 30　　B. 25.5　　C. 21.75　　D. 20.83

三、多项选择题

1. 下列选项中，属于生产要素费用的有（　　）。

A. 外购材料　　B. 外购燃料与动力

C. 工资及福利费　　D. 固定资产折旧费用

2. 应计入产品成本的各种材料费用，按其用途进行分配，应记入的账户有（　　）。

A. 管理费用　　B. 基本生产成本　　C. 制造费用　　D. 财务费用

3. 职工的计件工资，可以记入（　　）账户借方。

A. 基本生产成本　　B. 辅助生产成本　　C. 制造费用　　D. 管理费用

4. 下列固定资产中，其折旧额应作为产品成本构成内容的有（　　）。

A. 生产车间房屋　　B. 企业行政管理部门房屋

C. 生产用设备　　D. 专设销售机构用卡车

5. 计提固定资产折旧，应借记的账户有（　　）。

A. 基本生产成本　　B. 辅助生产成本　　C. 制造费用　　D. 固定资产

6. 下列选项中，属于工资总额的有（　　）。

A. 退休金　　B. 差旅费

C. 职工福利费　　D. 长病假人员工资

7. 下列各账户归集的支出，最终应由产品成本负担的有（　　）。

A. 辅助生产成本　　B. 制造费用　　C. 财务费用　　D. 管理费用

8. 下列选项中，属于特殊情况下支付的工资有（　　）。

A. 病假支付的工资　　B. 工伤支付的工资

C. 探亲假支付的工资　　D. 婚假支付的工资

9. 下列关于材料费用分配的表述，正确的有（　　）。

A. 用于产品生产的材料费用直接记入“生产成本”科目

B. 生产车间一般耗用的材料费用记入“制造费用”科目

C. 企业行政管理部门一般耗用的材料，记入“管理费用”科目

D. 直接用于各种产品生产的材料费用，如果金额较小，可全部记入“制造费用”科目

10. 根据工业企业会计制度规定，下列费用发生后计入产品成本的是（ ）。

A. 基本生产车间生产产品领用材料

B. 固定资产扩建领用材料

C. 基本生产车间一般消耗领用材料

D. 行政管理部门领用材料

四、判断题

1. “原材料”账户不核算低值易耗品。（ ）
2. 企业生产车间的各项生产费用均应通过“制造费用”科目核算。（ ）
3. 基本生产车间发生的各种费用均应直接记入“基本生产成本”账户。（ ）
4. 企业固定资产折旧费应全部计入产品成本。（ ）
5. 不设“燃料和动力”成本项目的企业，其生产消耗的燃料可计入“直接材料”成本项目。（ ）
6. 在按30天计算日工资的企业中，节假日应按出勤支付工资，因而缺勤期间的节假日应照扣工资。（ ）
7. 在任何情况下，本月实发工资都等于本月应发工资。（ ）
8. 一个要素费用按经济用途可能计入几个成本项目，一个成本项目可以归集同一经济用途的几个要素费用。（ ）
9. 职工薪酬中包括社会保险费和住房公积金。（ ）
10. 凡是发放给企业职工的货币，均作为工资的组成部分。（ ）
11. 计件工资只能按职工完成的合格品数量乘以计件单价计算发放。（ ）
12. 提前报废的固定资产应照提折旧。（ ）

五、简答题

1. 哪些费用属于材料费用？应如何分配原材料费用？

2. 哪些费用属于外购动力费用？此类费用应如何归集与核算？

3. 职工薪酬包括哪些费用？应如何归集？

4. 简述生产费用要素进行归集与分配的流程和注意事项。

六、综合题

1. 材料费用的归集与分配训练

某企业一车间 202× 年 6 月生产甲、乙两种产品，共耗用 A、B 两种材料，其中 A 材料 5 000 千克，单价 8 元；B 材料 3 000 千克，单价 5 元。本月投产甲产品 300 件，乙产品 200 件。甲产品单位材料消耗定额为 A 材料 8 千克，B 材料 4 千克；乙产品单位材料消耗定额为 A 材料 6 千克，B 材料 5 千克。

根据以上资料，完成以下练习：

（1）根据定额消耗量的比例，分配甲、乙两种产品原材料费用，填入表 3-1 中。

（2）根据表 3-1 编制会计分录。

表 3-1　原材料费用分配表

202× 年 6 月

原材料		A 材料	B 材料	原材料实际成本
甲产品 投产（　　）件	消耗定额（千克/件）			
	定额消耗量（千克）			
乙产品 投产（　　）件	消耗定额（千克/件）			
	定额消耗量（千克）			
定额消耗总量（千克）				
实际消耗总额（元）				
消耗量分配率				—
实际消耗额的分配	甲产品（元）			
	乙产品（元）			
原材料 实际单位成本	甲产品（元/件）			
	乙产品（元/件）			
	合计			

2. 外购燃料费用的归集与分配训练

某企业有两个基本生产车间和一个供电车间、一个运输车间。第一生产车间生产甲产品和乙产品，第二生产车间生产丙产品。该企业 202× 年 7 月材料成本差异率为 5%。

第一生产车间甲、乙两种产品共同耗用燃料按甲、乙两种产品的产量比例分配。7 月甲、乙两种产品的产量资料如下：甲产品产量 1 000 件，乙产品产量 2 000 件。燃料耗用情况见表 3-2。

表 3-2　燃料耗用汇总表

单位：元

领料车间	用途	计划成本
第一生产车间	生产甲、乙产品共同耗用	10 000. 00
第二生产车间	生产丙产品	7 000. 00
合计		17 000. 00

根据以上资料，完成以下练习：

（1）编制燃料费用分配表，填入表 3-3 中。

（2）根据表 3-3 编制会计分录。

表 3-3　燃料费用分配表

年　月

单位：元

<table>
<tr><th rowspan="3">分配对象</th><th rowspan="3">产量（件）</th><th colspan="6">燃　料</th></tr>
<tr><th colspan="2">间接分配部分（计划成本）</th><th rowspan="2">直接计入部分（计划成本）</th><th rowspan="2">计划成本合计</th><th rowspan="2">材料成本差异</th><th rowspan="2">实际成本合计</th></tr>
<tr><th>分配率</th><th>应分配费用</th></tr>
<tr><td>甲产品</td><td></td><td></td><td></td><td></td><td></td><td></td><td></td></tr>
<tr><td>乙产品</td><td></td><td></td><td></td><td></td><td></td><td></td><td></td></tr>
<tr><td>小计</td><td></td><td></td><td></td><td></td><td></td><td></td><td></td></tr>
<tr><td>丙产品</td><td></td><td></td><td></td><td></td><td></td><td></td><td></td></tr>
<tr><td>小计</td><td></td><td></td><td></td><td></td><td></td><td></td><td></td></tr>
<tr><td colspan="2">合计</td><td>—</td><td></td><td></td><td></td><td>—</td><td></td></tr>
</table>

3. 工资费用的归集与分配训练

某企业有两个基本生产车间和一个供电车间、一个运输车间。第一生产车间生产甲产品和乙产品，第二生产车间生产丙产品。该企业 202× 年 7 月各车间、行政管理部门的工资汇总表见表 3-4。

表 3-4 工资汇总表

单位：元

车间/部门	各类人员	工资
第一生产车间	生产工人	16 488.70
	管理人员	10 000.00
第二生产车间	生产工人	9 800.00
	管理人员	4 000.00
供电车间	车间人员	5 400.00
运输车间	车间人员	6 600.00
企业行政管理部门	管理人员	8 500.00
合计		60 788.70

第一生产车间生产工人的工资结算单见表 3-5。按甲、乙两种产品的生产工时进行分配，甲产品的生产工时为 28 000 小时，乙产品的生产工时为 30 000 小时；第二生产车间只生产丙产品，所以其生产工人的工资全部计入丙产品的成本。

表 3-5 工资结算单

202× 年 7 月

单位：第一生产车间

单位：元

编号	姓名	工资标准	工种补贴	物价补贴	奖金	缺勤减发工资		应付工资	代扣款项		实发工资	收款人签章
						事假旷工	病假		个税等	合计		
1	略	1 100.00			98.22		300.00		0			
2	略	5 000.00			1 680.40				457.06			
3	略	3 800.00			1 555.00				287.05			
4	略	2 500.00			720.04				0			
5	略	1 800.00			1 055.00				0			
6	略	3 800.00			1 180.00		40.00		0			
7	略	2 300.00			240.04				0			
合计												—

根据以上资料，完成以下练习：

（1）根据表 3-5，计算第一生产车间 7 名工人的应付工资、代扣款项和实发工资，将计算结果填入表 3-5 中，并计算“合计”行各栏数额。

（2）编制工资费用分配表，填入表 3-6 中。

表 3-6　工资费用分配表

年　月　　　　　　　　　　　　单位：元

应借科目		生产工时	工资	
			分配率	应分配费用
基本生产成本	甲产品			
	乙产品			
	小计			
	丙产品			
小计				
制造费用	第一生产车间			
	第二生产车间			
小计				
辅助生产成本	供电车间			
	运输车间			
小计				
管理费用				
合计				

（3）根据表 3-6 编制会计分录。

4. 折旧费用的归集与分配训练

某公司 202× 年 7 月各部门固定资产折旧计提情况见表 3-7。

表 3-7　固定资产折旧计提汇总表

202× 年 7 月

单位：元

使用部门		房屋		建筑物		机器设备		合计	
		原值	月提取额	原值	月提取额	原值	月提取额	原值	月提取额
基本生产车间	第一生产车间	5 946 495. 80	28 316. 65	—	—	10 884 356. 72	51 830. 27		
	第二生产车间	7 871 368. 80	37 482. 71	587 619. 44	2 798. 19	10 395 667. 86	49 503. 23		
	小计								
辅助生产车间	供电车间	67 133. 03	175. 21	—	—	353 111. 89	1 427. 16		
	运输车间	11 407. 08	23. 10	372 633. 82	1 382. 74	61 470. 00	292. 45		
	小计								
管理部门	厂部	108 572. 00	204. 41	80 800. 25	3 266. 00	385 000. 00	1 556. 00		
	小计								
合计									

主管：　　　　审核：　　　　制表：

根据以上资料，完成以下练习：

（1）将表 3-7 固定资产折旧计提汇总表填制完整。

（2）根据表 3-7 编制会计分录。

项目四　辅助生产费用的归集和分配

一、填空题

1. 辅助生产与基本生产的最大区别是______________________________。
2. 辅助生产费用的归集是通过________________________来进行的。
3. 辅助生产费用的分配方法有______________、______________和计划成本分配法。
4. ________________的特点是将辅助生产费用通过两次分配完成。
5. ________________是指将各辅助生产成本明细账归集的费用总额，不考虑各辅助生产车间之间相互提供的产品或劳务，直接分配给辅助生产车间以外的各受益产品、车间或部门。
6. __________________是一种先分配费用、再调整差额的分配方法。
7. ________________一般用于辅助生产车间相互耗用产品或劳务较多的企业。
8. 通常情况下，多品种辅助生产车间的制造费用应当通过____________账户核算，在月末分配后计入辅助生产费用。

二、单项选择题

1. 辅助生产费用的分配方法中，能分清内部经济责任的是（　　）。
   A. 一次交互分配法　　B. 直接分配法
   C. 计划成本分配法　　D. 约当产量法
2. 按计划成本分配法分配的辅助生产费用差异一般计入（　　）。
   A. 销售费用　　B. 制造费用　　C. 生产成本　　D. 管理费用
3. 分配辅助生产费用更准确、更接近实际的方法是（　　）。
   A. 直接分配法　　B. 一次交互分配法
   C. 计划成本分配法　　D. 定额成本法
4. 采用一次交互分配法，对外分配的费用总额是（　　）。
   A. 交互分配前的费用
   B. 交互分配前的费用加上交互分配转入的费用
   C. 交互分配前的费用加上交互分配转入的费用减去交互分配转出的费用
   D. 交互分配前的费用减去交互分配转入的费用
5. （　　）的优点是提高了分配的正确性，分配结果更符合实际、更准确。
   A. 一次交互分配法　　B. 直接分配法
   C. 计划成本分配法　　D. 约当产量法

6. (　　) 不考虑各辅助生产车间之间提供的劳务，分配辅助生产费用比较简单，但是分配结果不够准确，一般用于辅助生产车间相互分配的劳务量较少的企业。

A. 一次交互分配法　　B. 直接分配法

C. 计划成本分配法　　D. 约当产量法

7. (　　) 便于考核和分析各受益单位的经济责任，但要求辅助生产产品或劳务的计划单位成本必须准确。

A. 直接分配法　　B. 一次交互分配法

C. 计划成本分配法　　D. 约当产量法

8. 甲公司有供电和供水两个辅助生产车间，202× 年 1 月供电车间供电 80 000 度，费用 120 000 元，供水车间供水 5 000 吨，费用 36 000 元；供电车间耗用水 200 吨，供水车间耗用电 600 度。甲公司采用直接分配法进行核算，则 202× 年 1 月供水车间的费用分配率是 (　　)。

A. 7. 375　　B. 7. 625　　C. 7. 2　　D. 7. 5

9. 某企业有甲、乙两个辅助生产车间，采用一次交互分配法分配辅助生产费用。3 月交互分配前，甲、乙车间归集的辅助生产费用分别为 75 000 元和 90 000 元。甲车间向乙车间交互分配辅助生产费用 2 500 元，乙车间向甲车间交互分配辅助生产费用 3 000 元。当月，甲车间向辅助生产车间以外的受益部门分配的辅助生产费用为 (　　) 元。

A. 75 000　　B. 74 000　　C. 75 500　　D. 72 500

三、多项选择题

1. 下列关于辅助生产费用分配方法的表述，正确的有 (　　)。

A. 采用直接分配法，辅助生产费用需要进行对外和对内分配

B. 采用计划成本分配法，辅助生产车间实际发生的费用与分配转出的计划费用之间的差额计入制造费用

C. 采用计划成本分配法，辅助生产车间实际发生的费用与分配转出的计划费用之间的差额计入管理费用

D. 采用一次交互分配法，辅助生产费用需要经过两次分配完成

2. 下列选项中，属于辅助生产费用分配方法的有 (　　)。

A. 一次交互分配法　　B. 直接分配法

C. 计划成本分配法　　D. 约当产量法

3. 下列关于辅助生产和辅助生产费用的表述，正确的有 (　　)。

A. 辅助生产是为基本生产和经营管理服务而进行的产品生产和劳务供应，是对内服务

B. 单品种辅助生产车间只提供一种劳务，其辅助生产费用通过“制造费用”账户核算

C. 辅助生产费用按照受益原则，应由各受益单位承担，应分配给各受益单位

D. 多品种辅助生产车间的辅助生产费用直接通过“生产成本—辅助生产成本”账户核算

4. 下列选项中，属于辅助生产车间的是（　　）。

A. 供电车间　　B. 供水车间　　C. 供气车间　　D. 机修车间

5. 辅助生产费用的归集是通过（　　）进行的。

A. 管理费用总账　　B. 生产成本总账

C. 生产成本明细账　　D. 销售费用明细账

6. 下列关于辅助生产费用分配方法的表述，错误的有（　　）。

A. 计划成本分配法比较简单，一般用于辅助生产车间相互分配的产品和劳务量较少的企业

B. 一次交互分配法先将归集的辅助生产费用在辅助生产车间之间进行交互分配，再按提供的产品量和劳务量在辅助生产车间以外的各收益单位之间进行分配

C. 直接分配法一般用于辅助生产车间相互耗用产品或劳务较多的企业

D. 计划成本分配法先分配费用，再调整差额

四、判断题

1. 只提供一种劳务的辅助生产车间称为单品种辅助生产车间。（　　）

2. 辅助生产车间生产的产品或提供的劳务主要是对外服务。（　　）

3. 计划成本分配法分配辅助生产费用比较简单，但是分配结果不够准确，一般用于辅助生产车间相互分配的劳务量较少的企业。（　　）

4. 由于不考虑各辅助生产车间之间相互提供的劳务，所以对辅助生产费用采用直接分配法。（　　）

5. 直接分配法的优点是提高了分配的正确性，分配结果更符合实际、更准确；缺点是加大了分配的工作量。（　　）

6. 计划成本法是一种先分配费用、再调整差额的分配方法，它便于考核和分析各受益单位的经济责任。（　　）

五、简答题

1. 一次交互分配法的优缺点各有哪些？

2. 辅助生产费用三种分配方法的适用范围各是什么？

3. 简述采用一次交互分配法在交互分配时、对外分配时的账务处理方法。

4. 简述计划成本分配法的计算公式。

六、综合题

1. 朝阳机械有限公司有机修和供电两个辅助生产车间。202× 年 3 月机修车间发生费用 12 万元，按修理工时分配费用，提供修理工时 500 小时，其中供电车间 20 小时，其他部门耗用工时见表 4-1；供电车间发生费用 24 万元，按耗电度数分配费用，供电 20 万度，其中机修车间耗用 4 万度，其他部门耗电度数见表 4-1。该企业辅助生产车间的制造费用不通过“制造费用”科目核算。

表 4-1　车间/部门耗电度数

受益车间/部门	供电数量（万度）	修理工时（小时）
供电车间	—	20
机修车间	4	—
基本生产车间—甲产品	9	300
基本生产车间—乙产品	4	120
销售部门	1	20
管理部门	2	40
合计	20	500

根据以上资料，完成以下练习：

（1）采用直接分配法，对机修车间和供电车间发生的辅助生产费用进行分配，完成表 4-2 的填制。

（2）根据表 4-2 编制相应会计分录。

表 4-2　辅助生产费用分配表（直接分配法）

202× 年 3 月

单位：元

<table>
<tr><th colspan="2" rowspan="2">项目</th><th colspan="2">供电车间</th><th colspan="2">机修车间</th><th rowspan="2">合计</th></tr>
<tr><th>耗用量（万度）</th><th>分配金额</th><th>耗用量（小时）</th><th>分配金额</th></tr>
<tr><td colspan="2">归集的辅助生产费用</td><td></td><td></td><td></td><td></td><td></td></tr>
<tr><td colspan="2">提供给辅助生产车间以外的劳务量</td><td></td><td></td><td></td><td></td><td>—</td></tr>
<tr><td colspan="2">费用分配率</td><td></td><td></td><td></td><td></td><td>—</td></tr>
<tr><td rowspan="4">应借账户</td><td>生产成本—基本生产成本—甲产品</td><td></td><td></td><td></td><td></td><td></td></tr>
<tr><td>生产成本—基本生产成本—乙产品</td><td></td><td></td><td></td><td></td><td></td></tr>
<tr><td>销售费用</td><td></td><td></td><td></td><td></td><td></td></tr>
<tr><td>管理费用</td><td></td><td></td><td></td><td></td><td></td></tr>
<tr><td colspan="2">合计</td><td></td><td></td><td></td><td></td><td></td></tr>
</table>

2. 沿用第一题的资料，采用一次交互分配法，对机修车间和供电车间发生的辅助生产费用进行分配，完成表4–3的填制，并编制相应会计分录。

表4–3　辅助生产费用分配表（一次交互分配法）

202×年3月

单位：元

<table>
<tr><td colspan="2" rowspan="2">项目</td><td colspan="2">供电车间</td><td colspan="2">机修车间</td><td rowspan="2">合计</td></tr>
<tr><td>耗用量（万度）</td><td>分配金额</td><td>耗用量（小时）</td><td>分配金额</td></tr>
<tr><td colspan="2">归集的待分配辅助生产费用</td><td></td><td></td><td></td><td></td><td></td></tr>
<tr><td colspan="2">提供的劳务总量</td><td></td><td></td><td></td><td></td><td>—</td></tr>
<tr><td colspan="7">交互分配</td></tr>
<tr><td colspan="2">交互分配率</td><td colspan="2"></td><td colspan="2"></td><td>—</td></tr>
<tr><td rowspan="2">辅助生产车间</td><td>供电车间</td><td></td><td></td><td></td><td></td><td></td></tr>
<tr><td>机修车间</td><td></td><td></td><td></td><td></td><td></td></tr>
<tr><td colspan="7">对外分配</td></tr>
<tr><td colspan="2">对外分配辅助生产费用</td><td></td><td></td><td></td><td></td><td></td></tr>
<tr><td colspan="2">对外分配率</td><td colspan="2"></td><td colspan="2"></td><td></td></tr>
<tr><td colspan="2">基本生产车间—甲产品</td><td></td><td></td><td></td><td></td><td></td></tr>
<tr><td colspan="2">基本生产车间—乙产品</td><td></td><td></td><td></td><td></td><td></td></tr>
<tr><td colspan="2">销售费用</td><td></td><td></td><td></td><td></td><td></td></tr>
<tr><td colspan="2">管理费用</td><td></td><td></td><td></td><td></td><td></td></tr>
<tr><td colspan="2">对外分配合计</td><td></td><td></td><td></td><td></td><td></td></tr>
</table>

编制会计分录如下：

（1）交互分配时

（2）对外分配时

3. 沿用第一题的资料，假定机修车间修理工时的计划单位成本是 250 元，供电车间每度电的计划单位成本是 1. 18 元。采用计划成本分配法，对机修车间和供电车间发生的辅助生产费用进行分配，完成表 4-4 的填制，并编制相应会计分录。

表 4-4　辅助生产费用分配表（计划成本分配法）

202× 年 3 月

单位：元

项目	供电车间		机修车间		合计
	耗用量（万度）	分配金额	耗用量（小时）	分配金额	
归集的辅助生产费用					
提供的劳务总量					—
计划单位成本					—

续表

<table>
<tr><td colspan="2" rowspan="2">项目</td><td colspan="2">供电车间</td><td colspan="2">机修车间</td><td rowspan="2">合计</td></tr>
<tr><td>耗用量（万度）</td><td>分配金额</td><td>耗用量（小时）</td><td>分配金额</td></tr>
<tr><td rowspan="2">辅助生产车间</td><td>供电车间</td><td></td><td></td><td></td><td></td><td></td></tr>
<tr><td>机修车间</td><td></td><td></td><td></td><td></td><td></td></tr>
<tr><td colspan="2">基本生产车间—甲产品</td><td></td><td></td><td></td><td></td><td></td></tr>
<tr><td colspan="2">基本生产车间—乙产品</td><td></td><td></td><td></td><td></td><td></td></tr>
<tr><td colspan="2">销售费用</td><td></td><td></td><td></td><td></td><td></td></tr>
<tr><td colspan="2">管理费用</td><td></td><td></td><td></td><td></td><td></td></tr>
<tr><td colspan="2">按计划成本分配合计</td><td>—</td><td></td><td>—</td><td></td><td></td></tr>
<tr><td colspan="2">辅助生产实际总成本</td><td>—</td><td></td><td>—</td><td></td><td></td></tr>
<tr><td colspan="2">辅助生产成本差异</td><td>—</td><td></td><td>—</td><td></td><td></td></tr>
</table>

编制会计分录如下：

（1）按计划成本分配

（2）结转辅助生产成本差异

项目五　制造费用与损失性费用的归集和分配

一、填空题

1. 制造费用是指企业为__________和__________而发生的，不能直接计入产品成本的各项间接费用。

2. 生产工时比例法是按照各种产品所用生产工人________的________分配制造费用的一种方法。

3. 废品损失是指在生产过程中发现的和入库后发现的____________________，以及____________________，扣除回收的废品残料价值和应收赔款以后的损失。

4. 废品按照能否修复和是否有必要修复可以分为___________和___________。

5. 制造费用的分配方法主要有______________、______________、________________、______________。

6. 采用生产工时比例法分配制造费用时，制造费用分配率等于______________除以________________。

7. 不可修复废品损失的生产成本，可按_______________计算，也可按________________计算。

8. 停工损失是指______________________________在停工期内发生的各项费用，包括停工期内应负担的人工费用、所耗用的燃料和动力费，以及应负担的制造费用等。

二、单项选择题

1. 下列选项中，应计入产品生产成本的费用是（　　）。

A. 管理费用　　B. 财务费用　　C. 制造费用　　D. 销售费用

2. 制造企业生产的产品要求机械化、自动化程度较高的，应按照（　　）分配制造费用。

A. 生产工时比例法　　B. 生产工人工资比例法

C. 机器工时比例法　　D. 年度计划分配率分配法

3. 由于自然灾害等引起的非正常停工损失应计入（　　）。

A. 其他应收款　　B. 制造费用　　C. 生产成本　　D. 营业外支出

4. 结转制造费用时，应借记（　　）账户，贷记“制造费用”账户。

A. 生产成本—基本生产成本　　B. 生产成本—辅助生产成本

C. 管理费用　　D. 原材料

5. 某企业本月发生车间管理人员工资 220 万元，福利费 100 万元，产品生产工人工资 500 万元，福利费 180 万元。该企业采用机器工时比例法分配制造费用，其中本月生产 M 产品耗用机器工时 300 小时，生产 N 产品耗用机器工时 500 小时。假设不考虑其他因素，该企业本月 N 产品应分配的制造费用是（ ）万元。

A. 120 B. 200 C. 375 D. 625

6. 企业可修复废品返修以前发生的生产费用，应留在（ ）科目和所属有关产品成本明细账中，不需要转出。

A. 制造费用 B. 生产成本—辅助生产成本

C. 管理费用 D. 生产成本—基本生产成本

7. 生产车间发生的机物料消耗，借记“制造费用”科目，贷记（ ）科目。

A. 原材料 B. 生产成本 C. 银行存款 D. 管理成本

8. 某企业计划对 A 产品进行减产停工，A 产品停工期间需支付人工费用 20 万元，其中由相关责任人赔偿 6 万元，该企业将停工损失作为成本项目单独核算，那么 A 产品的停工损失是（ ）万元。

A. 14 B. 15 C. 19 D. 4

9. 下列关于停工损失的表述，正确的是（ ）。

A. 停工损失全部计入产品成本

B. 只要停工，都应核算停工损失

C. 停工损失全部计入营业外支出

D. 停工不满一个工作日的，一般不计算停工损失

三、多项选择题

1. 下列选项中，属于制造费用的有（ ）。

A. 车间管理人员薪酬

B. 生产车间计提的折旧费

C. 生产车间支付的办公费、水电费等

D. 生产车间发生的机物料消耗、季节性的停工损失等

2. 下列选项中，不属于废品损失核算的有（ ）。

A. “三包”企业在产品出售后发现的废品

B. 入库后保管不善而损坏变质的产品

C. 不需要返修，可降价出售的不合格品

D. 可修复废品的修复费用，扣除回收废品残料价值和应收赔款以后的损失

3. 下列关于停工损失核算的表述，正确的有（ ）。

A. 不满一个工作日的停工，一般不计算停工损失

B. 辅助生产不计算停工损失

C. 应由过失单位或保险公司负担的赔款，应从停工损失中扣除

D. “停工损失”科目月末没有余额

4. 下列选项中，应计入制造费用的有（ ）。

A. 车间管理人员的工资　　B. 销售部门人员的工资

C. 生产车间的水电费　　D. 行政部门办公费

5. 下列选项中，属于制造费用分配方法的有（ ）。

A. 生产工时比例法　　B. 生产工人工资比例法

C. 计划成本分配法　　D. 交叉分配法

6. 按废品所耗实际费用计算不可修复废品损失的生产成本时，涉及的科目有（ ）。

A. 废品损失　　B. 生产成本—基本生产成本

C. 营业外支出　　D. 制造费用

7. 可修复废品必须具备的条件是（ ）。

A. 在技术和工艺上可以修复达到合格产品的要求

B. 在生产过程中发现的

C. 修复所需费用在经济上低于重新生产需要的费用

D. 在入库后发现的

8. 废品损失包括（ ）。

A. 生产过程中发生的和入库后发现的不可修复废品的生产成本

B. 可修复废品的修复费用，扣除回收的废品残料价值和应收赔款以后的损失

C. 产品入库后由于保管不善而损坏变质的产品

D. 企业实施“三包”，在产品出售后发现废品而发生的费用

9. 下列选项中，所发生的停工损失应计入当期损益的包括（ ）。

A. 季节性停工　　B. 原材料或工具短缺停工

C. 维修期间停工　　D. 自然灾害停工

10. 不单独核算停工损失的企业，不设置“停工损失”科目，而是将其损失体现在（ ）。

A. 制造费用　　B. 管理费用

C. 营业外支出　　D. 其他应收款

四、判断题

1. “废品损失”属于成本类科目，其借方反映企业收回废品的价值，贷方反映企业实际发生不可修复废品的全部成本和废品修复费用。（ ）

2. 制造费用的分配方法一经确定，不得随意变更。如需变更，应当在附注中予以说明。（ ）

3. 制造费用是指企业为生产产品或提供劳务而发生的不能直接计入产品成本的各项直接费用。（ ）

4. 年度计划分配率分配法特别适用于季节性生产企业计算制造费用的分配。（ ）

5. 不可修复废品损失的生产成本，可按废品所耗实际费用计算，也可按废品所耗定额费用计算。（ ）

6. 企业发生的季节性停工费用应计入当期损益。 ( )

7. 废品损失不包括经质量检验部门鉴定不需要返修、可以降价出售的不合格品。 ( )

8. “废品损失”账户期末无余额。 ( )

9. 无论采用哪一种制造费用分配方法，都应根据分配计算结果编制制造费用分配表。 ( )

10. 停工损失只包括停工期间发生的制造费用。 ( )

五、简答题

1. 制造费用包括哪些费用?

2. 写出制造费用的归集与分配中的账务处理。

3. 制造费用有哪些分配方法？写出各种制造费用分配方法的计算公式。

4. 在哪一种分配方法下，“制造费用”账户会有月末余额？其余额代表什么？

六、综合题

1. 制造费用的归集和分配训练一

某制造企业生产甲、乙两种产品。202× 年 10 月发生以下经济业务：

（1）生产甲、乙两种产品领用原材料 23 140 元，其中用于生产甲产品消耗 9 864 元，用于生产乙产品消耗 6 576 元，用于生产车间物料消耗 4 640 元，用于行政管理部门消耗 2 060 元。

（2）月末根据工资分配表可知，应付生产甲产品工人工资 5 040 元，生产乙产品工人工资 3 360 元，生产车间管理人员工资 2 800 元，行政管理部门人员工资 3 200 元。

（3）按工资的 10%提取职工福利费。

（4）月末根据固定资产折旧分配表可知，生产车间应计提折旧 4 680 元，行政管理部门应计提折旧 2 970 元。

（5）26 日，用银行存款 5 130 元购买办公用品。其中用于生产车间 4 080 元，用于行政管理部门 1 050 元。

根据以上资料，完成以下练习：

（1）根据以上经济业务编制制造费用归集的会计分录。

（2）根据生产工时比例法，分配生产车间生产甲产品和乙产品的制造费用。本月生产工时为 4 120 小时，其中甲产品生产工时为 2 472 小时，乙产品生产工时为 1 680 小时，并编制制造费用分配的会计分录。

2. 制造费用的归集和分配训练二

某公司基本生产车间生产甲、乙两种产品，202× 年 7 月归集的制造费用合计为 18 054 万元。基本生产车间甲产品生产工时为 2 808 小时，乙产品生产工时为 3 210 小时。

根据以上资料，完成以下练习：

（1）根据生产工时比例法，分配甲、乙产品的制造费用，并填入表 5-1 中。

（2）根据表 5-1 编制会计分录。

表 5-1 制造费用分配表

202× 年 7 月

车间：基本生产车间

产品名称	分配标准（生产工时）	分配率	分配金额（万元）
甲			
乙			
合计		—	

3. 制造费用的归集和分配训练三

某公司基本生产车间生产甲、乙、丙 3 种产品，根据公司 8 月工资分配表可知，本月共发生生产工人工资 132 000 元，其中生产甲产品的实际生产工人工资是 48 000 元，生产乙产品的实际生产工人工资是 30 000 元，生产丙产品的实际生产工人工资是 54 000 元。该车间当月归集在“制造费用—基本生产”账户借方的制造费用合计 409 200 元。

根据以上资料，要求采用生产工人工资比例法分配制造费用，并编制会计分录。

4. 制造费用的归集和分配训练四

甲制造企业采用机器工时比例法分配制造费用。202× 年 4 月基本生产车间生产 A、B 两种产品，已知生产 A 产品所用机器工时为 28 000 小时，生产 B 产品所用机器工时为 40 000 小时。当月该车间实际发生的制造费用为 544 000 元。

根据以上资料，要求采用机器工时比例法分配制造费用，并编制会计分录。

5. 制造费用的归集和分配训练五

某企业生产车间的制造费用年度预算额为67 500元，全年产品的计划产量为：M产品28 000件，N产品32 500件；单位产品的工时定额为：M产品5小时，N产品4小时。3月实际产量为M产品300件，N产品250件；“制造费用”账户3月期初贷方余额为600元，本月实际发生制造费用为7 000元。

根据以上资料，要求采用年度计划分配率法分配制造费用，并编制会计分录。

6. 制造费用的归集和分配训练六

某企业生产甲、乙、丙3种产品，202×年7月生产车间发生以下间接费用：车间管理人员工资12 000元，一般物料消耗3 000元，购买办公用品1 200元，固定资产折旧4 000元，水电费2 280元，设备维修期间停工损失2 000元。已知甲产品的生产工时是3 000小时，乙产品的生产工时是2 000小时，丙产品的生产工时是1 800小时。

根据以上资料，要求采用生产工时比例分配法分配制造费用，并编制会计分录。

7. 损失费用的归集和分配训练一

某企业对生产车间进行产品质量检验时发现一批丁产品出现不同程度的质量问题。上述不合格产品经质量检验部门鉴定均为可修复废品。在修复这批丁产品过程中，实际耗用材料 1 000 元，实际发生工资费用 2 000 元，计提福利费 240 元，分摊制造费用 1 080 元，修复过程中回收残料价值 120 元。另外，丁产品的废品损失应由过失人赔偿 600 元。

根据以上资料，归集可修复废品的修复费用并编制会计分录。

8. 损失费用的归集和分配训练二

202× 年 2 月，某企业对生产车间进行产品质量检验，发现存在质量问题的丙产品共 10 件。经质量检验部门鉴定该批产品已无法修复，予以报废。已知本月生产丙产品 1 000 件，生产工时共 9 000 小时，其中合格品生产工时为 8 910 小时，废品生产工时为 90 小时。生产丙产品的合格品和废品的全部生产费用共计 64 800 元：直接材料 36 000 元，直接人工 18 000 元，制造费用 10 800 元。废品回收残料计价 80 元，应由过失人赔款 200 元。假设该产品所需原材料在生产开工时一次性全部投入，直接材料按合格品和废品数量的比例分配，其他费用按生产工时比例分配。

根据以上资料，完成以下练习：

（1）计算不可修复废品的生产成本，编制会计分录。

（2）结转不可修复废品的生产成本。

项目六　生产费用在完工产品和在产品之间的归集和分配

一、填空题

1. 本期完工产品与期末在产品的数量关系可用公式表示为：

月初在产品成本+本月生产费用=__________________+__________________。

2. 在实际工作中，企业对在产品收发结存的日常核算，通常以__________来进行，又称为在产品收发结存账。

3. 对于在产品的盘盈、盘亏和毁损，企业应通过______________________________账户来处理。

4. 由于月末在产品数量较少，且每月数量变化不大，所以生产费用在完工产品和在产品之间分配应该采用________________________。

5. 某些行业（如化工行业和钢铁行业）企业生产的产品，各月末在产品数量稳定，变化不大，所以在产品按____________________来核算。

6. 在产品按所耗原材料费用计算法简称_______________。

7. 约当产量法是将月末在产品数量按其______________折算成相当于完工产品的产量，即为约当产量。

8. 定额成本法是根据月末在产品数量和单位定额成本计算月末在产品成本，然后通过________来确定当月完工产品成本的方法。

9. ______________法适用于月末在产品数量较多，各月在产品数量变化也较大的，且生产成本中直接材料成本和直接人工等加工成本的比重相差不大的产品成本计算。

10. 自然灾害造成的非常损失，应收保险公司赔偿的部分或过失人赔偿的部分，借记“其他应收款”账户，赔偿不足的部分借记______________账户。

二、单项选择题

1. 某公司生产A产品，本月完工370台，在产品100台，平均完工程度为30%，发生生产成本合计800 000元。下列分配结果正确的是（　　）。

A. 单位成本=800 000÷(370+100)=1 702. 13（元/台）

B. 完工产品成本=370×2 000=740 000（元）

C. 在产品成本=100×2 000=20 000（元）

D. 单位成本＝800 000÷(370+100)×30%

2. 企业生产 M 商品的单位工时定额为 500 小时。M 商品经过两道生产工序，各工序单位定额工时为：第一道工序 200 小时，第二道工序 300 小时，假定各工序内完工程度平均为 50%，第一道工序在产品 1 000 件，其约当产量为（　　）件。

A. 200　　B. 400　　C. 500　　D. 700

3. 下列选项中，不应列入在产品的是（　　）。

A. 已验收入库的对外销售的自制半成品

B. 正在车间返修的废品

C. 正在车间加工的合格产品

D. 已验收入库但仍需加工的自制半成品

4. 下列选项中，不属于生产费用在完工产品与月末在产品之间分配的方法是（　　）。

A. 约当产量法　　B. 不计算在产品成本法

C. 计划成本分配法　　D. 定额比例法

5. 计算完工产品成本时，如果不计算在产品成本，应具备的条件是（　　）。

A. 各月末在产品数量比较稳定

B. 各月末在产品数量很少，价值很低，且各月在产品数量比较稳定

C. 各月末在产品数量较多

D. 定额管理基础较好

6. 某种产品的定额准确、稳定，且各月末在产品数量变化较大，为了简化成本计算工作，其生产费用在完工产品与月末在产品之间进行分配应采用（　　）。

A. 定额成本法

B. 在产品按所耗原材料费用计算法

C. 约当产量法

D. 定额比例法

7. 月末在产品数量较少且数量变化不大、定额成本比较准确、消耗定额相对稳定的在产品成本的分配方法可采用（　　）。

A. 在产品按所耗原材料费用计算法　　B. 约当产量法

C. 定额成本法　　D. 定额比例法

8. B 产品经过两道工序加工完成，生产成本在完工产品和在产品之间采用约当产量法进行分配。B 产品单位工时定额为 80 小时，其中第一道工序为 30 小时，第二道工序为 50 小时。假定各工序内在产品完工程度平均为 50%，则第二道工序在产品直接材料成本项目以外的其他成本项目的完工程度为（　　）。

A. 50%　　B. 15%　　C. 68.75%　　D. 72.6%

9. A 产品月末在产品按所耗原材料费用计算法核算，月初在产品原材料费用为 4 800 元，本月发生的原材料费用为 13 200 元，原材料在生产开始时一次性投入。本月完工产品为 350 件，月末在产品为 150 件，则完工 A 产品的原材料费用是（　　）元。

A. 4 800　　B. 5 400　　C. 13 200　　D. 12 600

三、多项选择题

1. 下列选项中，属于将工业企业生产费用在完工产品与在产品之间进行分配的方法有（　　）。

A. 直接分配法　　B. 约当产量法

C. 在产品按定额成本计价法　　D. 在产品按固定成本计价法

2. 企业应根据（　　）等具体条件，采用适当的分配方法将生产费用在完工产品和在产品之间进行分配。

A. 生产的特点　　B. 在产品数量的多少

C. 企业成本会计人员的多少　　D. 定额管理基础的好坏

3. 下列选项中，属于在产品的有（　　）。

A. 正在车间加工的产品　　B. 需要继续加工的半成品

C. 等待验收入库的产品　　D. 正在返修的废品

4. 在产品清查盘点后，对盘亏、毁损的在产品进行处理时，可以借记的科目有（　　）。

A. 制造费用　　B. 其他应收款

C. 营业外支出　　D. 基本生产成本

5. 某公司生产丁产品，按顺序经过 3 道加工工序，见表 6-1。各工序月末在产品完工程度均为 50%。材料在每道工序开始后陆续投入，其他成本按加工程度 50% 计算在产品约当产量来分配。

表 6-1　月末在产品数量及定额消耗资料

工序	月末在产品数量（件）	单位产品材料消耗定额（千克）	单位产品工时消耗定额（小时）
第一道工序	140	75	8
第二道工序	200	10	7
第三道工序	160	15	5
合计	500	100	20

下列计算正确的有（　　）。

A. 第一道工序在产品的投料程度 = 75×50% ÷ 100×100% = 37. 5%

B. 第二道工序在产品的投料程度 = (75+10) ÷ 100×100% = 85%

C. 第二道工序在产品的约当产量 = 200×85% = 170（件）

D. 第三道工序在产品的约当产量 = 160×92. 5% = 148（件）

6. 采用定额比例法分配完工产品和月末在产品费用应具备的条件有（　　）。

A. 各月末在产品数量变化不大

B. 各月末在产品数量变化较大

C. 消耗成本定额比较准确、稳定

D. 消耗成本定额波动较大

四、判断题

1. 约当产量就是将月末在产品数量按完工程度折算为相当于完工产品的产量。 （ ）

2. 在约当产量法中，核算在产品的原材料费用不需要计算在产品的约当产量。 （ ）

3. 如果期末在产品成本按定额比例法核算，则实际成本脱离定额的差异会完全由完工产品负担。 （ ）

4. 由于月末在产品数量较少，价值较低且每月数量变化不大，所以生产费用在完工产品和在产品之间分配应该用固定成本计价法。 （ ）

5. 在产品按所耗原材料费用计算法，只计算在产品所消耗的材料费用，而人工费用与制造费用全部由当期完工产品负担。 （ ）

6. 定额比例法适用于月末在产品数量较多，各月在产品数量变化也较大的，且生产成本中直接材料成本和直接人工等加工成本的比重相差不大的产品成本计算。 （ ）

7. 定额比例法解决了定额计算法中将在产品实际成本与定额成本之间的差额计入完工产品成本中，可能造成完工产品成本计算不正确的问题。 （ ）

8. 定额比例法是根据月末在产品数量和单位定额成本计算月末在产品成本，然后通过倒挤来确定当月完工产品成本的方法。 （ ）

五、简答题

1. 定额比例法和定额成本法的相同点是什么？区别又有哪些？

2. 简述约当产量法的含义及其适用条件。

3. 生产费用在完工产品与月末在产品之间进行分配的方法有哪几种？

4. 什么是广义在产品？包括哪些内容？

六、综合题

1. 某公司生产甲产品，该产品月末在产品数量较少且每月数量变化不大。12 月甲产品发生的生产费用分别为：直接材料 300 000 元，直接人工 300 000 元，制造费用 10 000 元。甲产品本月完工入库 600 件，月末在产品 20 件。要求采用不计算在产品的成本法对生产费用在完工产品和在产品之间分配，并作结转完工入库的会计分录。

2. 某公司生产甲产品，经测定 202× 年各月末在产品数量稳定，变化不大。各月末在产品总固定成本为 20 000 元，其中直接材料 10 000 元，直接人工 8 000 元，制造费用 2 000 元。10 月初在产品为 20 件，当月投产 500 件，完工 510 件；当月发生生产费用为 679 330 元，其中直接材料 423 500 元，直接人工 240 650 元，制造费用 15 180 元。要求采用在产品按固定成本计价法核算生产费用在完工产品和在产品之间分配，并作结转完工入库的会计分录。

3. 某公司生产甲产品，该产品成本结构中原材料费用占总成本的64%。202× 年 11 月初在产品成本为 40 000 元，即材料费用 40 000 元。11 月初在产品为 60 件，当月投产 570 件，完工 610 件。当月发生生产费用 752 930 元，其中直接材料 476 600 元，直接人工 244 000 元，制造费用 32 330 元。原材料在生产时一次性投入。要求采用在产品按所耗原材料费用计算法核算生产费用在完工产品和在产品之间的分配，并作结转完工入库的会计分录。

4. 某公司生产丁产品，该产品是单步骤生产，原材料在开始生产时一次性投入，其他成本按约当产量比例 50%进行分配。202× 年 11 月初在产品为 500 件，在产品成本为 74 000 元，其中直接材料 63 500 元，直接人工 6 000 元，制造费用 4 500 元。当月投产 3 100 件，完工产品 3 000 件，月末在产品 600 件。当月发生生产费用为 471 200 元，其中直接材料 403 000 元，直接人工 37 200 元，制造费用 31 000 元。要求完成生产费用在完工产品和在产品之间的分配，并作结转完工入库的会计分录。

5. 某公司生产丁产品，该产品需经过3道加工工序，各工序月末在产品完工程度均为50%。202× 年11月完工产品2 500件，月末在产品300件；材料在每道工序开始后陆续投入，其他成本按加工程度50%计算在产品约当产量来分配。202× 年11月初在产品为500件，在产品成本为73 500元，其中直接材料62 500元，直接人工6 500元，制造费用4 500元。11月投产2 300件，当月发生生产费用为343 390元，其中直接材料299 000元，直接人工21 390元，制造费用23 000元。月末在产品数量及定额消耗资料见表6-2。

根据以上资料，要求完成生产费用在完工产品和在产品之间的分配，并作结转完工入库的会计分录。

表6-2　月末在产品数量及定额消耗资料

工序	月末在产品数量（件）	单位产品材料消耗定额（千克）	单位产品工时消耗定额（小时）
第一道工序	140	65	9
第二道工序	70	20	6
第三道工序	90	15	5
合计	300	100	20

6. 某公司生产 C 产品，本月完工产品 3 000 件，在产品 400 件；在产品单位定额成本为：直接材料 400 元，直接人工 100 元，制造费用 150 元。C 产品本月月初在产品和本月耗用直接材料成本合计 1 360 000 元，直接人工 640 000 元，制造费用 960 000 元。要求按定额成本法计算在产品成本及完工产品成本。

7. 某公司生产丙产品，202× 年 11 月完工产品 600 件，原材料费用定额为 820 元/件，工时定额为 45 小时/件；月末在产品为 400 件，原材料费用定额为 600 元/件，工时定额为 30 小时/件。202× 年 11 月初在产品为 200 件，在产品成本为 139 000 元，其中直接材料 120 000 元，直接人工 14 000 元，制造费用 5 000 元。11 月投产 800 件，当月发生生产费用624 410 元，其中直接材料 541 050 元，直接人工 62 000 元，制造费用 21 360 元。

根据以上资料，要求按定额成本法完成生产费用在完工产品和在产品之间的分配，并作结转完工入库的会计分录。

项目七　产品成本计算的基本方法

一、填空题

1. 品种法是以______________为成本计算对象来归集生产费用、计算产品成本的方法。

2. 分批法亦称______________，是以产品的批别（或订单）为计算对象来归集费用、计算产品成本的一种方法。

3. 在小批、单件生产的企业或车间，如果某个月投产批次（批别）很多，且月末未完工的批次也很多，若不考虑各批产品是否完工，可采用____________法。

4. 采用当月分配率来分配间接计入费用的分批法称为____________。

5. 分步法是以__________________和____________为成本计算对象，归集和分配生产费用，计算产品成本的一种方法。

6. 在各生产步骤成本的计算和结转时分步法可分为__________________和____________________。

7. 逐步结转分步法是按照产品的生产步骤________计算结转半成品成本，最后计算出产成品成本的一种分步法。

8. 分项结转分步法是将__________的半成品成本分项转入__________成本计算单来计算产品成本的计算方法。

二、单项选择题

1. 品种法是以产品品种为成本计算对象来归集生产费用、计算产品成本的方法，亦称简单法或（　　）。

A. 简化分批法　　B. 分步法

C. 简易成本计算法　　D. 分批法

2. 分批法的成本计算对象是（　　）。

A. 产品的品种　　B. 产品的数量

C. 产品的批别　　D. 产品的价格

3. 产品成本计算的分步法，是以（　　）和产品品种为成本计算对象，来归集和分配生产费用、计算产品成本的一种方法。

A. 产品生产步骤　　B. 产品价格

C. 产品数量　　D. 产品生产周期

4. 分步法在各生产步骤成本的计算和结转时可采用逐步结转分步法和（　　）。

A. 品种法　　B. 一般分步法

C. 平行结转分步法　　D. 简化分步法

5. 逐步结转分步法是按照产品的生产步骤（　　）计算结转半成品成本，最后计算出产成品成本的一种分步法。

A. 汇总　　B. 分配　　C. 累加　　D. 逐步

6. 平行结转分步法也称（　　）。

A. 一般结转分步法　　B. 不计算半成品成本分步法

C. 简化结转分步法　　D. 分项结转分步法

7. 简化分批法的主要特点是（　　）。

A. 不分批计算、分配直接人工成本　　B. 不分批计算、分配完工产品成本

C. 不分批计算、分配直接材料成本　　D. 不分批计算、分配在产品成本

8. 产品成本计算基本方法中，成本计算期与会计报告期不一致的是（　　）。

A. 分批法　　B. 品种法　　C. 分步法　　D. 平行结转分步法

9. 成本还原的方法是从（　　）开始，将其耗用上一步骤半成品的综合成本逐步分解，还原为“直接材料”“直接人工”“制造费用”等。

A. 最后步骤　　B. 上一步骤　　C. 下一步骤　　D. 最初步骤

三、多项选择题

1. 品种法的适用范围包括（　　）。

A. 规模较小且管理上不要求提供各步骤成本资料的企业

B. 发电、供水、采掘等企业

C. 大量大批的单步骤的生产企业

D. 企业的辅助生产车间

2. 分批法的适用范围包括（　　）。

A. 服装企业、印刷企业　　B. 专用设备生产企业

C. 重型机械制造企业　　D. 新产品的试制

3. 分批法因采用的间接计入费用的分配方法不同，可分为（　　）。

A. 品种法　　B. 一般分批法　　C. 简化分批法　　D. 分步法

4. 分步法的适用范围包括（　　）。

A. 多步骤的大量大批生产企业　　B. 纺织、造纸企业

C. 家用电器企业　　D. 装配式多步骤生产企业

5. 成本还原的方法包括（　　）。

A. 按半成品各成本项目占全部成本的比重还原

B. 按半成品数量占全部产品数量的比重还原

C. 按半成品种类占全部产品种类的比重还原

D. 按所耗半成品综合成本占完工半成品总成本的比重还原

6. 采用简化分批法时，在产品完工前，基本生产成本二级账中按月登记的内容包括（　　）。

A. 直接计入费用　　B. 直接材料

C. 制造费用　　D. 生产工时

四、判断题

1. 用品种法计算产品成本时，因不需要在各种产品之间分配费用，所以也称简单法。（　　）

2. 品种法适用于少量、大批的单步骤生产或管理上不要求分步骤计算成本的复杂生产，如发电、供水、采掘等企业。（　　）

3. 企业按批别组织生产，并不一定就是按订单组织生产，还要结合企业自身的生产负荷能力，合理组织安排产品生产的批量与批次。（　　）

4. 采用当月分配率来分配间接计入费用的分批法称为简化分批法。（　　）

5. 采用累计分配率来分配间接计入费用的分批法是一般分批法的简化形式。（　　）

6. 采用分批法计算产品成本的企业，完工产品的成本计算因各批次的生产周期而异，因而与会计报告期不一致。（　　）

7. 分批法适用于多件、大批生产类型的企业。（　　）

8. 分步法适用于多步骤的大量、大批生产企业，包括连续式多步骤生产企业和装配式多步骤生产企业，例如纺织、造纸、家用电器等企业。（　　）

五、简答题

1. 简述产品成本计算的 3 种基本方法的定义。

2. 产品成本计算的分步法有几种方法？

3. 简述产品成本计算的品种法的适用范围。

六、综合题

1. 品种法训练

甲企业有一个基本生产车间，大量生产 A、B 两种产品，其生产工艺过程属于单步骤生产。企业还有一个运输辅助生产车间。基本生产成本明细账设置“直接材料”“直接燃料和动力”“直接人工”和“制造费用”四个成本项目。“制造费用”核算基本生产车间发生的间接费用。运输车间由于提供产品和服务单一，发生的间接费用直接计入“辅助生产成本”。企业发生以下业务：

（1）202× 年 6 月基本生产车间领用材料 80 000 元，其中直接用于 A 产品的甲材料 30 000 元，直接用于 B 产品的乙材料 20 000 元，甲、乙产品共同耗用的 C 材料 20 000 元（按 A、B 产品的定额消耗量比例进行分配，A 产品的定额消耗量为 3 000 千克，B 产品的定额消耗量为 2 000 千克），车间耗用的消耗性材料 10 000 元；辅助生产车间领料 10 000 元，共计 90 000 元。

（2）当月基本生产车间的职工工资为32 000元（按A、B产品耗用生产工时比例进行分配，A产品的生产工时为5 000小时，B产品的生产工时为3 000小时），管理人员工资为5 000元；辅助生产车间的职工工资为9 000元，管理人员工资为4 000元；共计50 000元。

（3）基本生产车间月初在用固定资产原值为150 000元，月末在用固定资产原值为200 000元；辅助生产车间月初、月末在用固定资产原值均为50 000元；按月折旧率2%计提折旧。

（4）基本生产车间发生其他支出8 000元，辅助生产车间发生其他支出2 000元，共计10 000元，均通过银行存款结算。

（5）辅助生产车间提供劳务8 000小时，其中为基本生产车间提供6 000小时，为企业行政管理部门提供2 000小时，辅助生产费用按工时比例计算分配。

（6）基本生产车间的制造费用按生产工时比例在A、B产品之间予以计算分配。

根据以上资料，完成以下练习：

（1）计算生产工时比例及制造费用明细账金额，计算分配基本生产车间费用，将制造费用明细账月末金额汇总合计，按生产工时比例计算辅助生产费用分配率，并予以分配。

（2）计算产品成本，填列各项费用分配表及成本明细账（见表7-1至表7-8），编制会计分录。

表7-1　原材料分配表

单位：元

应借科目		直接计入金额	分配计入			合计
			定额消耗量（千克）	分配率	分配金额	
基本生产成本	A产品					
	B产品					
	小计					
辅助生产成本	运输车间					
制造费用						
合计						

表 7-2　职工薪酬分配表

单位：元

应借科目		工资总额	职工薪酬分配		职工薪酬分配金额
			生产工时（小时）	分配率	
基本生产成本	A 产品				
	B 产品				
	小计				
辅助生产成本	运输车间				
制造费用					
合计					

表 7-3　折旧费用分配表

单位：元

项目	生产车间			合计
	基本生产车间	辅助生产车间	小计	
折旧费用				

表 7-4　其他费用分配表

单位：元

项目	生产车间			合计
	基本生产车间	辅助生产车间	小计	
银行存款				

表 7-5　辅助生产费用明细账

辅助车间：运输车间　　202× 年 6 月　　单位：元

日期		摘要	费用明细项目				合计
月	日		原材料	职工薪酬	折旧费	其他费用	
6	30	根据原材料分配表					
6	30	根据职工薪酬分配表					
6	30	根据折旧费用分配表					
6	30	根据其他费用分配表					
6	30	合计					
6	30	分配结转					

表 7-6　辅助生产费用分配表

单位：元

应借科目	部门	辅助生产费用总额	辅助生产费用分配		辅助生产费用分配金额
			生产工时（小时）	分配率	
辅助生产成本	基本生产车间				
	行政管理部门				
合计				—	

表 7-7 制造费用明细账

基本生产车间

202× 年 6 月

单位：元

日期		摘要	费用明细项目					合计
月	日		原材料	职工薪酬	折旧费	其他费用	辅助车间转入	
6	30	根据原材料分配表						
6	30	根据职工薪酬分配表						
6	30	根据折旧费用分配表						
6	30	根据其他费用分配表						
6	30	根据辅助生产费用分配表						
6	30	合计						
6	30	分配转出						

表 7-8 制造费用分配表

单位：元

应借科目		制造费用总额	制造费用分配		制造费用分配金额
			生产工时（小时）	分配率	
基本生产成本	A 产品				
	B 产品				
合计				—	

2. 分批法训练

甲企业小批生产多种产品，由于产品批次较多，为了简化成本核算工作，采用简化分批法计算企业产品成本。该企业202× 年6月的产品批别有：

A产品40台，4月投产，本月完工；

B产品20台，5月投产，本月完工；

C产品20台，5月投产，本月已完工5台，完工产品工时为5 000小时；

D产品10台，本月投产，尚未完工。

4种产品所用原材料均为生产开始时一次性投入。甲企业月初在产品成本资料见表7-9。

表7-9　月初在产品成本

单位：元

产品批别	累计工时（小时）	直接材料	直接人工	制造费用
A产品	16 000	50 000		
B产品	14 000	32 000		
C产品	10 000	20 000		
累计	40 000	97 000	30 000	19 000

本月全部4种产品生产工时为40 000工时，其中A产品14 000小时，B产品12 000小时，C产品9 000小时，D产品5 000小时；本月发生的直接人工总额为20 000元，制造费用总额为11 000元。D产品本月投产，投入原材料20 000元。

根据以上资料，计算各批产品成本并编制产品成本计算单（见表7-10至表7-13），填列基本生产成本二级账（见表7-14）。

表7-10　产品成本计算单

产品名称：A产品　　批量：　台　　投产日期：　月

单位：元　　完工日期：　月

日期		摘要	直接材料	生产工时（小时）	直接人工	制造费用	合计
月	日						
5	31	月末在产品成本					
6	30	本月发生					
6	30	本月合计					
6	30	累计间接费用分配率					
6	30	转出完工产品成本					
6	30	完工产品单位成本					

表 7-11　产品成本计算单

产品名称：B 产品　　批量：　台　　投产日期：　月

单位：元　　完工日期：　月

日期		摘要	直接材料	生产工时（小时）	直接人工	制造费用	合计
月	日						
5	31	月末在产品成本					
6	30	本月发生					
6	30	本月合计					
6	30	累计间接费用分配率					
6	30	转出完工产品成本					
6	30	完工产品单位成本					

表 7-12　产品成本计算单

产品名称：C 产品　　批量：　台　　投产日期：　月

单位：元　　本月完工数量：　台

日期		摘要	直接材料	生产工时（小时）	直接人工	制造费用	合计
月	日						
5	31	月末在产品成本					
6	30	本月发生					
6	30	本月合计					
6	30	累计间接费用分配率					
6	30	转出完工产品成本					
6	30	完工产品单位成本					
6	30	月末在产品成本					

表 7-13　产品成本计算单

产品名称：D 产品　　批量：　台　　投产日期：　月

单位：元　　尚未完工

日期		摘要	直接材料	生产工时（小时）	直接人工	制造费用	合计
月	日						
6	30	本月发生费用					
6	30	本月合计					

表 7-14　基本生产成本二级账（各批产品总成本）

202× 年 6 月　　　　单位：元

日期		摘要	直接材料	生产工时（小时）	直接人工	制造费用	合计
月	日						
6	1	月初在产品成本					
6	30	根据原材料分配表					
6	30	根据职工薪酬分配表					
6	30	转入制造费用					
6	30	累计					
6	30	累计间接费用分配率					
6	30	转出完工产品成本					
6	30	月末在产品成本					

3. 分步法训练

某企业的甲产品分别由两个车间连续加工制成，其中第一车间完工的是半成品（A 产品），第二车间将半成品加工成甲产品。

第一车间月初直接材料 60 000 元，直接人工 50 000 元，制造费用 40 000 元，共计 150 000 元；本月发生直接材料 220 000 元，直接人工 310 000 元，制造费用 230 000 元，共计 760 000 元，相关定额资料见表 7-15。

表 7-15　甲产品定额资料

项目	月初在产品		本月投入		本月完工产品		
	定额材料费用	定额工时	定额材料费用	定额工时	产量	定额材料费用	定额工时
第一车间	50 000	6 000	200 000	30 000	1 000	200 000	30 000
第二车间		4 000		20 000			20 000
合计	50 000	10 000	200 000	50 000	1 000	200 000	50 000

第二车间月初直接人工 40 000 元，制造费用 30 000 元，共计 70 000 元；本月发生直接人工 200 000 元，制造费用 186 000 元，共计 386 000 元。

根据以上资料，要求采用平行结转分步法计算相关成本并编列产品成本明细账。

项目八　产品成本计算的辅助方法

一、填空题

1. ______是指按照产品的类别归集生产费用，计算各类产品总成本，再按照一定标准分配计算类别内各种产品成本的方法。

2. 联产品是指企业利用相同的原材料，在______________中同时生产出的几种______________不同，但具有______________的主要产品。

3. 副产品是指企业在____________的过程中附带生产出来的______________产品。

4. 在定额法下，产品的实际成本是以____________为基础，通过加减脱离定额的差异和定额变动差异来计算产品实际成本。

5. ____________是将各种联产品的实际产量按事前规定的系数折合为相对产量来分配联产品成本的一种方法。

6. ______________是指生产过程中各项生产费用的实际支出脱离现行定额或预算的差额。

7. ______________是指由于修订消耗定额或生产耗费的计划价格而产生的新旧定额之间的差额。

二、单项选择题

1. 下列选项中，属于产品成本计算的辅助方法的是（　　）。

A. 品种法　　B. 分步法　　C. 分批法　　D. 分类法

2. 企业或车间生产的产品品种繁多且可按一定要求和标准划分为若干类别的，其产品成本计算一般可以采用（　　）。

A. 分类法　　B. 分步法　　C. 分批法　　D. 定额法

3.（　　）是实际成本与计划成本的差额，它也是产品生产费用脱离定额差异的一部分。

A. 材料成本差异　　B. 定额变动差异

C. 标准成本　　D. 脱离定额差异

4. 某产品月初原材料定额费用为 10 000 元，12 月份对原材料消耗定额进行了调整，将原材料定额费用由 100 元调整为 96 元，则该产品月初在产品原材料定额变动差异为（　　）元。

A. 400　　B. −400　　C. 200　　D. −200

5. 下列选项中，可以采用定额法的企业是（　　）。

A. 定额管理制度尚未健全的企业

B. 定额管理工作基础较差的企业

C. 产品生产尚未定型的企业

D. 产品消耗定额比较准确、稳定的企业

6. 某产品本月应负担的实际制造费用为 17 860 元，应负担的定额制造费用为 17 600 元，则该产品本月制造费用脱离定额差异为（　　）元。

A. 17 860　　B. −260　　C. 17 600　　D. 260

7. 某产品本月的材料定额成本为 360 000 元，直接材料脱离定额差异是超支 40 000 元。该公司的材料成本差异率为−2%。该产品应分配的材料成本差异额为（　　）元。

A. −8 000　　B. 8 000　　C. −6 400　　D. 6 400

8. 甲、乙两种产品共同耗用的燃料费用为 12 000 元，定额消耗量分别为 200 千克和 400 千克。按燃料定额消耗量比例分配，则燃料费用分配率为（　　）。

A. 60　　B. 20　　C. 12　　D. 30

9. 下列选项中，（　　）是分类法的产品成本计算对象。

A. 类别　　B. 批别　　C. 品种　　D. 生产步骤

三、多项选择题

1. 分类法适用的产品范围包括（　　）。

A. 同类产品　　B. 等级产品　　C. 联产品　　D. 副产品

2. 在定额法下，本月完工产品的实际成本是以本月完工产品定额成本为基础，加上（或减去）本月完工产品应分配的（　　）等计算得到的。

A. 脱离定额差异　　B. 材料成本差异　　C. 定额变动差异　　D. 标准成本

3. 定额成本一般不包括（　　）。

A. 废品损失　　B. 定额制造费用　　C. 停工损失　　D. 定额人工费用

4. 下列关于副产品及其成本计算的表述，正确的有（　　）。

A. 副产品指在主要产品生产过程中，附带生产出来的非主要产品

B. 副产品不是企业生产活动的主要目的

C. 副产品的价值比较低时，副产品可以不负担分离前的联合成本

D. 可以按定额成本计算副产品成本

5. 采用定额法计算产品实际成本时，影响因素有（　　）。

A. 产品定额成本　　B. 脱离定额差异　　C. 定额变动差异　　D. 材料成本差异

6. 分类法的优点有（　　）。

A. 计算结果能够规避假定性

B. 有利于进行产品成本的定期分析

C. 简化成本计算工作

D. 能够在产品品种、规格繁多的情况下，分类掌握产品成本情况

7. 定额法的特点有（　　）。

A. 不核算在产品成本

B. 分别核算符合定额的费用和脱离定额的差异

C. 以定额成本为基础，加减各种成本差异计算产品的实际成本

D. 事前制定产品的定额成本

四、判断题

1. 分类法是一种独立的成本计算方法，在计算各类产品成本时，无须结合品种法、分批法或分步法等成本核算的基本方法使用。（　　）

2. 使用定额法计算产品成本的企业，应当根据企业现行消耗定额和费用定额，按照产品的成本项目分别制定产品的定额成本。（　　）

3. 按照产品的批次归集生产费用是分类法的一个显著特点，它仅仅是为了简化成本计算工作，最终还要计算各种产品的成本。（　　）

4. 定额成本法与生产的类型没有直接联系，不论哪一种类型生产都可以采用定额成本法核算生产费用，计算产品成本。（　　）

5. 联产品可以是在生产过程中使用不同的原材料，经过不同生产过程生产出来的产品。（　　）

6. 副产品不可以直接出售，只能经过适当加工以后再出售。（　　）

7. 若定额变动系数小于 1，则月初在产品定额变动差异为正数，表明新定额比旧定额高。（　　）

五、简答题

1. 简述分类法的成本计算程序。

2. 简述定额法的成本计算程序。

3. 简述副产品成本的计算方法。

六、综合题

1. 分类法训练

某公司由于产品品种、规格、型号繁多，按照工艺过程的不同，将各种产品分为甲、乙、丙3类计算产品成本，其中甲类包括A、B、C 3种产品，类别内各种产品采用系数法分配费用，其中材料费用按材料系数分配，人工及制造费用按工时系数分配，以A产品为标准产品。甲类完工产品的产量记录和定额资料见表8-1，甲类产品生产成本计算单见表8-2。

表8-1 甲类完工产品的产量记录和定额资料

单位：元

产品名称	产品产量（件）	单位材料定额	工时定额
A产品	500	150	80
B产品	300	180	96
C产品	400	210	120

表 8-2　甲类产品生产成本计算单

单位：元

项目	直接材料	直接人工	制造费用	合计
月初在产品成本	2 760	1 950	2 090	6 800
本月生产费用	7 540	5 530	9 010	22 080
生产费用合计	10 300	7 480	11 100	28 880
完工产品成本	7 100	5 840	8 760	21 700
月末在产品成本	3 200	1 800	2 340	7 340

要求计算 A、B、C 3 种产品的完工成本，并完成表 8-3 至表 8-5 的填写。

表 8-3　材料系数计算表

产品名称	产品产量（件）	单位材料定额（元）	单位系数	材料系数
A 产品				
B 产品				
C 产品				
合计		—	—	

表 8-4　工时系数计算表

产品名称	产品产量（件）	工时定额（元）	单位系数	工时系数
A 产品				
B 产品				
C 产品				
合计		—	—	

表 8-5　甲类完工产品成本计算单

单位：元

项目	产量（件）	材料系数	工时系数	应分配费用				单位成本
				直接材料	直接人工	制造费用	合计	
费用分配率								
A 产品								
B 产品								
C 产品								
合计								—

2. 联产品成本计算训练

某企业采用同一种原材料，在同一工艺过程中生产出甲、乙、丙 3 种主要产品。进行联合成本分配时，以产品售价为标准确定系数，以甲产品为标准产品。3 种产品分离后均可以直接对外销售，分离前的联合成本为 210 600 元，其中直接材料 86 400 元，直接人工 54 000 元，制造费用 70 200 元。本月联产品的产量以及售价资料见表 8-6。

表 8-6 联产品产量及售价

产品名称	实际产量（吨）	售价（元/吨）
甲产品	48	50 000
乙产品	12	75 000
丙产品	35	60 000

要求分配甲、乙、丙 3 种产品的成本，并填入表 8-7 中。

表 8-7 完工产品成本计算单

单位：元

项目	产量（件）	售价	单位系数	总系数	应分配费用				单位成本
					直接材料	直接人工	制造费用	合计	
费用分配率									
甲产品									
乙产品									
丙产品									
合计									—

3. 副产品成本计算训练

某公司生产过程共发生费用 300 000 元，其中直接材料 240 000 元，直接人工 26 000 元，制造费用 34 000 元，在生产 A、B 联产品时附带生产出 C 产品。本月 C 产品产量达 1 100 件，单位售价为 12 元，单位税金为 2 元；C 产品需进一步加工方能出售，单位再加工成本 1 元。

根据以上资料，完成以下练习：

（1）按照销售利润为零的原则计算 C 产品的成本。

（2）假定副产品成本在联合成本的直接材料中直接扣除，计算副产品成本并填写表 8-8。

（3）假定副产品成本在联合成本各项目中扣除，计算副产品成本并填写表 8-9。

表 8-8　副产品成本计算表 1

单位：元

项目	直接材料	直接人工	制造费用	合计
总成本				
副产品应负担成本				
主产品应负担成本				

表 8-9　副产品成本计算表 2

单位：元

项目	直接材料	直接人工	制造费用	合计
总成本				
副产品应负担成本				
主产品应负担成本				

4. 原材料脱离定额差异的核算训练

某企业生产甲产品，本月期初在产品为160台，本月完工产量为500台，期末在产品数量为120台，原材料系开工时一次性投入，单位产品材料消耗定额为15千克，材料计划单价为6元/千克。本月材料限额领料凭证登记数量为7 900千克，材料超限额领料凭证登记数量为400千克，期初车间有余料100千克，期末车间盘存余料为300千克。根据上述资料，计算本月产品的原材料脱离定额差异。

5. 直接人工脱离定额差异的核算训练

某企业生产A、B、C 3种产品，计划小时工资率为5，实际小时工资率为5.1。A、B、C 3种产品的定额工时分别为110 000小时、70 000小时、80 000小时；实际工时分别为115 000小时、78 000小时、75 000小时。根据上述资料，计算本月产品的直接人工脱离定额差异，并填入表8-10。

表8-10 直接人工费用定额和脱离定额差异汇总表

单位：元

产品名称	定额人工费用			实际人工费用			脱离定额差异
	定额工时（小时）	计划小时工资率	定额人工费用总额	实际工时（小时）	实际小时工资率	实际人工费用总额	
A产品							
B产品							
C产品							
合计							

6. 材料成本差异分配训练

某公司生产 A、B 两种产品，其中 A 产品的材料定额费用为 93 000 元，脱离定额差异为 650 元；B 产品的材料定额费用为 67 500 元，脱离定额差异为 420 元。材料成本差异率为 1%。根据上述资料，计算本月产品的直接材料成本差异，填入表 8-11。

表 8-11　材料成本差异分配表

单位：元

产品名称	定额费用	脱离定额差异	计划价格费用	材料成本差异率	材料成本差异
A 产品					
B 产品					
合计					

7. 定额法训练

某企业生产的甲产品采用定额法计算产品成本。其 9 月份有关计算产品成本资料如下：

（1）单位产品定额成本：原材料消耗定额 40 千克，计划价格 15 元；工时定额 40 小时，计划工资 4 元/小时，计划制造费用 4.2 元/小时。本月实行新定额，将原材料消耗定额修订为 38 千克。原材料在生产开始时一次性投入。该产品的定额变动差异和材料成本差异由完工产品成本负担；脱离定额差异按定额成本比例在完工产品与月末在产品之间进行分配。

（2）月初在产品成本资料见表 8-12。

表 8-12　月初在产品成本

单位：元

成本项目	定额成本	脱离定额差异
直接材料	8 000	−545
直接人工	800	−55
制造费用	960	+80

（3）产量和生产费用资料如下：

1）月初在产品为 40 件，本月投产为 100 件，本月完工为 120 件，月末在产品为 20 件。在产品完工程度为 50%。

2）本月发生的按计划价格和实际消耗量计算的生产费用：直接材料为 57 600 元，直接人工为 17 800 元，制造费用为 18 000 元。

3）材料成本差异率为-2%。

根据以上资料，完成以下练习：

（1）计算本月各成本项目发生的定额成本。

（2）计算本月原材料发生的材料成本差异。

（3）计算本月产成品的定额成本。

（4）编制产成品成本计算表（见表 8-13）。

表 8-13　甲产品成本计算表

产成品数量：　件　　　　单位：元

成本项目		直接材料	直接人工	制造费用	合计
月初在产品	定额成本				
	脱离定额差异				
月初在产品定额成本	定额成本调整				
	定额变动差异				
本月费用	定额成本				
	脱离定额差异				
	材料成本差异				
生产费用合计	定额成本				
	脱离定额差异				
	材料成本差异				
	定额变动差异				
差异分配率	脱离定额差异				
产成品成本	定额成本				
	脱离定额差异				
	材料成本差异				
	定额变动差异				
	实际成本				
月末在产品	定额成本				
	脱离定额差异				

项目九　成本报表与成本分析

一、填空题

1. 成本报表属于企业____________，它的编制主要是为了满足企业管理层、各部门及岗位责任人对______________的需求。

2. 主要产品单位成本报表是反映企业在报告期内生产的各种主要产品____________构成情况的会计报表。

3. 各种费用报表是指企业在生产经营过程中，各个车间、部门为进行生产、组织管理生产经营活动所发生的____________、____________、____________及____________。

4. 成本报表中的计划数，应根据有关的________填列；表中其他资料和补充资料应按报表____________填列。

5. ________是企业成本管理的重要环节，是挖掘成本降低潜力、改善企业管理的重要工具。

6. ____________是将连续数年的有关项目按金额或选用某一年为基期进行比较，计算趋势百分比，以揭示财务状况和经营成果的变化和发展趋势。

二、单项选择题

1. （　　）是反映企业一定时期的产品成本和期间费用的构成及其增减变动情况的报告文件。

A. 资产负债表　　B. 成本报表
C. 利润表　　D. 现金流量表

2. 成本报表在报表的种类、指标的设计以及报送的对象等方面具有很强的（　　）和灵活性。

A. 安全性　　B. 针对性　　C. 及时性　　D. 有效性

3. 下列选项中，不属于费用报表的是（　　）。

A. 管理费用报表　　B. 财务费用报表
C. 损益表　　D. 销售费用报表

4. 按产品种类编制的产品生产成本报表是按产品种类汇总反映企业在报告期内生产的（　　）产品的单位成本和总成本的报表。

A. 全部　　B. 部分
C. 整体与部分　　D. 全部或部分

5. 下列选项中，不属于成本报表编制要求的是（　　）。

A. 一致性　　B. 真实性　　C. 准确性　　D. 重要性

6. 成本报表按照编制角度的不同可分为按产品种类编制的产品生产成本报表和按（　　）编制的产品生产成本报表。

A. 成本数量　　B. 成本项目

C. 成本计划　　D. 成本结构

7. 下列选项中，不属于常用比率分析法的是（　　）。

A. 动态比率法　　B. 相关比率法

C. 构成比率法　　D. 平均比率法

三、多项选择题

1. 成本报表的作用包括（　　）。

A. 便于企业进行高质量的成本管理

B. 为企业制订成本计划提供依据

C. 评价和考核企业成本管理的受托履行情况

D. 便于企业及时进行决策

2. 成本报表按其反映的内容可分为（　　）。

A. 反映产品成本情况的报表　　B. 反映特殊目的的成本报表

C. 反映各项费用支出的报表　　D. 反映利润情况的报表

3. 成本报表的编制要求包括（　　）。

A. 真实性　　B. 重要性　　C. 一致性　　D. 及时性

4. 成本报表的分析方法包括（　　）。

A. 趋势分析法　　B. 比较分析法

C. 比率分析法　　D. 因素分析法

5. 成本分析的作用有（　　）。

A. 认识和掌握成本变动规律

B. 揭示问题和差距，促使企业挖掘降低成本的潜力

C. 寻求降低成本的途径和方法

D. 评价企业过去的成本管理工作

6. 成本分析的一般程序包括（　　）。

A. 客观评价企业成本管理工作，编制成本分析报告

B. 明确分析目标、要求和范围

C. 收集与成本分析相关的资料

D. 结合企业的实际情况，分析变动因素，采取有效措施，解决问题

7. 根据分析特点不同，因素分析法可分为（　　）。

A. 连环替代法　　B. 比率分析法

C. 差额分析法　　D. 因素分析法

四、判断题

1. 编制和分析成本报表是成本会计工作的一项重要内容。 (　　)

2. 产品成本作为反映企业生产经营各方面工作质量的一项综合指标，可以为企业制订正确的成本计划提供必要依据。 (　　)

3. 成本报表为企业制订成本计划提供可靠依据。 (　　)

4. 通过成本报表分析可以评估企业的成本管理效果，从而对企业管理层在成本管理方面的绩效予以评价，但对受托责任的履行情况则不能很好反映。 (　　)

5. 成本报表中的实际成本、费用应根据有关的产品成本或费用明细账的计划发生额填列。 (　　)

6. 成本报表中的计划数应根据有关计划填列，表中其他资料和补充资料应按报表编制要求填列。 (　　)

7. 产品成本作为反映企业生产经营各方面工作质量的一项综合指标，可以直观地反映企业在生产技术、组织及管理上存在的问题。 (　　)

8. 成本报表的分析方法主要有比较分析法和因素分析法两种。 (　　)

五、简答题

1. 简述成本报表编制的基本要求。

2. 简述成本分析的意义及作用。